Wegweiser durch die St. Pauluskirche

Diese Broschüre führt Sie zu den schönsten Kunstwerken in der St. Pauluskirche in Antwerpen. Jedem Kunstwerk ist ein Kapitel gewidmet, das Sie über dessen ganz besonderen religiösen, technischen, historischen und kunsthistorischen Hintergrund informiert.

So bekommen Sie Zugang zur Bedeutung und Schönheit der ausgewählten Werke.

Schlagen Sie die Klappe auf und benutzen Sie beide Seiten in Kombination mit den Innenseiten der Broschüre.

Im Folgenden finden Sie zunächst allgemeine Informationen u. a. über die Dominikaner und das ikonografische Programm, das sie in ihrer Klosterkirche ausarbeiteten und das bis zum heutigen Tage die Besucher in seinen Bann zieht.

Dank des überwältigenden künstlerischen Erbes und der Pracht der feierlichen Orchestermessen gehört die St. Pauluskirche zu den festen Werten Antwerpens. Auch der ruhige, pittoreske Kalvarienberg und die Romantik des alten Klosterkomplexes tragen zu ihrem unwiderstehlichen Charme bei. Und ihre Lage im uralten Schifferviertel an der Schelde macht sie vom Antwerpener Hafen aus gesehen zu einer fest verankerten Bake. Außerdem taucht ihr mächtiger Barockturm mit doppelter Laternenbekrönung schelmisch in so manchem Straßenbild auf.

ST. PAULUSKIRCHE ANTWERPEN

Dieses Haus des Dominikanerordens war im Mittelalter und mehr noch in der Zeit der Gegenreformation ein wahres intellektuelles Forschungszentrum. Im Sinne ihres Schutzheiligen Paulus gingen die Dominikaner von hier aus auf Wanderschaft in der Stadt und in der Umgebung. Im 17. Jahrhundert zogen sie auch in das von Protestanten besetzte Nordbrabant. Ihren Wahlspruch, der auf dem Hochaltar geschrieben steht, beherzigend verkündeten sie „im Glauben und in der Wahrheit".

Zwanzig Jahre nach ihrer Ansiedlung auf den Grundstücken von Hugo Nose ließen die Dominikaner 1276 von ihrem berühmten Ordensbruder Albertus Magnus innerhalb der neuen Stadtmauern eine erste Kirche einweihen. Während die Weiheurkunde als eine der kostbarsten Archivakten gehegt und gepflegt wird – heute befindet sie sich in der Schatzkammer –, wurden die Überreste dieser Kirche erst 1995 bei Restaurierungsarbeiten zum ersten Mal freigelegt.

Im 16. Jahrhundert begann man mit dem Bau einer größeren und auch höher gelegenen Kirche, weil man nicht mehr länger regelmäßig vom Wasser der Schelde überflutet werden wollte. Nachdem die Dominikaner die Wirren des Bilderstrums, die Vertreibung und die calvinistische Säuberung überstanden hatten, machten sie sich ab 1585 erneut an die Arbeit. Zuerst statteten sie die damalige Kirche neu aus. Später – im Jahr 1618, im Hochbarock – bauten sie, noch immer im traditionell gotischen Stil, über etwa zwanzig Jahre am Querschiff und am riesigen Chor. Da sich das barocke Interieur in der St. Pauluskirche auf wunderbare Weise mit der gotischen Architektur versöhnt, wird sie als „ein Barockjuwel in einem gotischen Schrein" bezeichnet. Unter „Juwel" darf man dabei eine richtige Schatzkammer des Barocks verstehen.

Die Malerei ist mit dem Bilderzyklus der fünfzehn Mysterien des Rosenkranzes, geschaffen von einem Dutzend Künstler, darunter Hendrik Van Balen, Cornelis De Vos und die drei Antwerpener Großmeister Rubens, Jordaens und Van Dijck, vertreten. Zwischen Rubens und den Antwerpener Dominikanern bestand nicht nur eine Beziehung auf künstlerischer Ebene, sondern auch eine des Glaubensbekenntnisses. Schließlich wählte Rubens Prior Michael Ophovius als persönlichen Beichtvater.

Noch überreichlicher vorhanden ist die Bildhauerei: Altäre und Kommunionbänke, Chorgestühl und Orgel, Epitaphe und Portale. Die Beichtstühle allein weisen 40 lebensgroße Skulpturen auf und sind außerdem mit reich geschnitzten Täfelungen ausgestattet. Als wäre dies alles noch nicht genug, gibt es einen Skulpturengarten wie ein Freilichttheater. Dies alles zeugt vom außergewöhnlichen Können u. a. von Artus II. Quellinus, Peter Verbruggen dem Älteren und dem Jüngeren und Willem Kerricx.

Nach dem Brand im Jahr 1679 wurde anstelle des zerstörten Vierungstürmchens von N. Millich der Barockturm mit doppelter Laterne hinzugefügt: eine außergewöhnlich imposante Konstruktion für eine Kirche dieses Bettelordens. Das Ende des 18. Jahrhunderts bedeutete eine neue Katastrophe, wenn auch im Namen der Aufklärung. Zuerst warf der österreichische Kaiser Joseph II. 1781 ein begieriges Auge auf Die Madonna mit dem Rosenkranz von Caravaggio. Danach wurde der Gemeinschaft der Dominikaner 1796 ein definitives Ende gesetzt, indem die französischen Revolutionäre das Kloster schlossen und die Kirche öffentlich verkauften. Einige große Bilder, darunter eines von Rubens, hatten die Kirche bereits zuvor verlassen und ihren Weg ins zentrale Depot in Frankreich gefunden.
Prior Peltiers gelang es, die Kirche und das Kloster zurückzukaufen. Nach dem Konkordat von Pius VII. mit Napoleon im Jahr 1801 kaufte schließlich die Stadt die Kirche als Ersatz für die ehemalige und baufällige Pfarrkirche St. Walburgis neben der Burg Het Steen. Die Veränderung der Kloster zu einer Pfarrkirche im Jahr 1833 hatte jedoch den Abriss des barocken Chorlettners zur Folge, um eine großartige Tiefenwirkung in Richtung des Hochchors mit dem monumentalen Hochaltar zu schaffen.
1968 suchte eine Brandkatastrophe den gesamten Komplex heim. Der obere Teil des Turms wurde vollständig wiederaufgebaut, aber die äußerst dringende Renovierung des Dachs ließ allzu lange auf sich warten. 1999 durfte das Ergebnis der Innenrestaurierung wieder gesehen und bewundert werden. Wer hier an kirchlichen Feiertagen schon einmal eine grandiose Orchestermesse mitgefeiert hat, erlebt den wahren Grund all dieser barocken Pracht: Herz und Seele erheben sich zum Schöpfer allen Lebens, in guten wie in schlechten Zeiten. Ein Antwerpener, der über „die Kathedrale des Schifferviertels" spricht, meint zweifellos die St. Pauluskirche.

Ein Bettelorden mit einer reichen Ikonographie

Vom Erbe des 16. Jahrhunderts, geschweige denn jenem aus dem Mittelalter, ist uns bis auf einige Funde bei der letzten Restaurierung um 1996 kaum etwas erhalten geblieben. Archäologische Ausgrabungen brachten die gesamten Grundmauern der alten Klosterkirche genauso ans Licht wie einen schönen gotischen Kragstein mit Engel. Des Weiteren kamen überraschende Grisaille-Wandmalereien aus dem späten 16. Jahrhundert zum Vorschein sowie ein „Vaterunser" auf Niederländisch, das jedoch größtenteils wieder (so wie zu Beginn des 17. Jahrhunderts) hinter der barocken Pracht der Täfelungen und Malereien verschwinden musste.

Wie in den meisten Antwerpener Kirchen zu Ende des 16. Jahrhunderts wurde nach den Bilderstürmen für die Dominikaner und den katholischen Gottesdienst in der damaligen Kirche neues Mobiliar angebracht. Als der Kirchbau 1631 – im Hochbarock – vollendet wurde, hatte darin der überwältigende Elan der Gegenreformation, dank der Gestaltung im neuen dynamischen Stil, Einzug gehalten. Ergebnis dessen ist ein unüberbietbar reiches und fantasievolles Statuenprogramm, verteilt über einige großartige Ensembles, die jeweils eine eigene Funktion und ein entsprechendes ikonographisches Programm haben.

Das wichtigste Möbel, das die Dominikaner täglich und zu festgelegten Uhrzeiten für das Brevier nutzten, ist das Chorgestühl (siehe Nr. 2). Auch ikonographisch wird dort Gottes Lob gesungen, und sei es nur durch Flora und Fauna. Im Gegensatz zu den späteren Prämonstratenser- oder Zisterzienser-Chorgestühlen ist hier keine Spur von inspirierenden, eigenen Ordensheiligen zu finden.

Die acht lebensgroßen Figuren von Dominikanerheiligen aus weißem Stein (fast alle aus der Mitte des 17. Jahrhunderts), die zwischen den Fenstern des Chors je ein Epitaph bekrönen, dienen viel eher als Vorbild. Außerdem stellt jede von ihnen eine der acht Tugenden, das christliche Ideal ersten Ranges, dar. Vornehme Verstorbene weisen von ihren Grabmälern auf dem Hochchor mit ihren gefalteten Händen nicht so sehr in Richtung des Hochaltars im Osten, sondern schlagen eine Brücke zwischen dem Gebet der Klosterbrüder im Gestühl und der ewigen Anbetung des Jenseits. Einer von ihnen ist der Dominikaner und Bischof Michaël Ophovius aus 's Hertogenbosch.

Priestermönche wie die Dominikanerpater betrachten es auch als ihre besondere Berufung, als geistliche Berater und/oder Beichtväter aufzutreten, daher die vielen Beichtstühle (siehe Nr. 11-12). In endlosen Variationen wird der innerliche Kampf zwischen Gut und Böse dargestellt.

Um diesem Kampf gegen das Böse gewachsen zu sein, wappnet man sich am besten mit dem Gebet. Dass sich die Dominikaner als DIE Förderer des Rosenkranzgebets entpuppten, hat mit der berühmten Seeschlacht von Lepanto am 7. Oktober 1571 zu tun. Der Sieg der westlichen Heiligen Liga, die den aufdringlichen Osmanen alias islamische Türken Einhalt geboten, wurde von Dominikanerpapst Pius V. dem Rosenkranzgebet zugeschrieben. Als Zeichen der Dankbarkeit riefen auch die Antwerpener Dominikaner eine Rosenkranzbruderschaft ins Leben. Diese beteiligte sich nach Kräften an der Förderung der Rosenkranzverehrung, wie an den zahlreichen Darstellungen zu erkennen ist: das Altargemälde, der 15-teilige Bilderzyklus, die Reliefs bei der Marienstatue und auch in den Täfelungen des Gestühls in der Marienkapelle.

Bei der ersten Hundertjahrfeier zum Gedenken an die Seeschlacht wurde bei Jan Peeters eine Serie von vier Gemälden bestellt, und bei der vierten Hundertjahrfeier 1971 vier Glasfenster bei Marc de Groot für die Wochentagskapelle des Klostergangs. Noch immer organisiert die Bruderschaft die alljährliche Prozession durch Antwerpen am ersten Sonntag im Oktober. Noch immer künden einige Statuen der Unsere liebe Frau vom Rosenkranz an Straßenecken in der Umgebung der Kirche von dieser dominikanischen Verehrung.

Neben der Prozession bedienten sich die Antwerpener Dominikaner gerne einer längeren Wallfahrt als Heilmittel. So organisierten sie von hier aus ihre Wallfahrten in das Heilige Land. Als dies wegen der Osmanen nicht mehr möglich war, fassten sie den Plan, Jerusalem so zu sagen zu sich zu holen – das Ergebnis ist der berühmte Statuengarten, der so genannte Kalvarienberg (siehe Nr. 14).

Nicht nur ihre Gebetsstätte oder der Meditationshof sind Gegenstand der Fantasie, auch das eigentliche Klostergebäude, genauer gesagt der Klostergang, ist reichlich mit dutzenden Konsolen, die als verspielte Masken gearbeitet sind, versehen. Alle sind einzigartig. Auf kleineren Konsolen beschränkte man sich beispielsweise auf eine Eule oder das Skelett eines Rinderkopfes! Der strenge Tagesrhythmus des Klosterlebens, aufgeheitert durch eine Maskerade: ernste Dominikaner, aber mit Gefühl für Lebensfreude! Barock, wie er leibt und lebt.

Hochaltar
Peter Verbrugghen der Ältere und der Jüngere, 1670

Der Dominikaner und Altprior Ambrosius Capello, siebenter Bischof von Antwerpen, wollte seinem Kloster ein unvergessliches Geschenk machen: den monumentalen, von Säulen umgebenen Altar, hoch erhaben auf dem Hochchor. Das Marmormonstrum, entworfen von Capellos Hauskaplan Fr. Van Sterbeeck und umgesetzt von Vater und Sohn Peter Verbruggen, wurde 1670 vom Spender selbst eingeweiht.
Der Wahlspruch der Dominikaner, der sich über beide Voluten erstreckt – „IN FIDE ET VERITATE" (im Glauben und in der Wahrheit) – wird oben von zwei Tugendfiguren personifiziert. Der christliche Glaube wird mit einem Kreuz dargestellt, der Kelch mit der geweihten Hostie in der anderen Hand dieser allegorischen Figur, links, steht für die katholische Lehre. Auf der anderen Seite wird die Wahrheit durch die eine universelle Sonne, ein offenes Buch der Belesenheit und einem triumphalen Palmzweig symbolisiert. In der großen Nische dazwischen gibt der Apostel Paulus als „Lehrer der Völker" mit Schwert und Buch zu erkennen, dass er für die Verkündung des Wort Gottes bereit war, den Märtyrertod zu sterben. Die Skulpturen sind das Werk

von Peter Verbruggen dem Jüngeren. Auf der Predella teilen sich die vier westlichen Kirchenväter die Ehre der Altäre mit dem heiligen Thomas von Aquin, dem berühmtesten dominikanischen Theologen des Mittelalters. Der Mäzen fand sich in seinem Schutzheiligen, dem heilige Ambrosius von Mailand, porträtiert.

Die beiden ursprünglichen Altargemälde, Rubens *Vision des heiligen Dominikus* und Boeyermans *Enthauptung des heiligen Paulus*, waren gemeinsam an einer langen Achse aufgehängt und wurden abwechselnd auf dem Hochaltar aufgestellt. Sie wurden jedoch während der französischen Revolutionsherrschaft weggebracht, nach Lyon bzw. Aix-en-Provence. Als Ersatz für diese geraubten Meisterwerke prangt dort nun *Die Kreuzabnahme* von Cornelis Cels (1807-1830).

Chorgestühl
fertig gestellt im Jahr 1638

Das Gestühl, wohlgemerkt ursprünglich mit 72 Sitzplätzen in U-Form, bildet an der Nord- und Südseite des Chors eine riesige, beeindruckende Möbelwand, die den Klosterbrüdern beim täglichen Brevier Schutz vor der Kälte bot. Die strukturelle Geradlinigkeit des Kirchenmöbels wird von einem Reichtum an dekorativen Motiven in Gleichgewicht gehalten. Was funktionell auf bescheidene Sitzbänke beschränkt bleiben konnte, ist für die Barockbildhauer und ihre Auftraggeber eine Chance, ein immenses Kirchenmöbel mit einem Überfluss an Dekor zu schaffen. Mit den mannigfach profilierten Teilen auf den Trennwänden wird das perspektivische Linienspiel vervielfältigt, was beiden Ensembles einen erhabenen rhythmischen Effekt verleiht. Die Fantasie bei Formen und figurativen Motiven ist beinahe grenzenlos, ohne jegliche Wiederholung! Wenn die Pilaster auch eine identische Struktur aufweisen, haben sie doch jeweils eine eigene Gestalt. Am deutlichsten wird dies in der nach oben gerichteten Spiralform und im Kapitell. Die vertikale Stauung der barocken Schraubpilaster wird sowohl von den abwechselnden Licht- und Schattenflächen – je nach Unterschied im Relief – als auch von der kletterähnlichen Pflanze, die nach oben wächst, akzentuiert. Dies alles wird mit spielenden Tieren lebendiger gemacht: Vögel, die von Beeren und Früchten naschen, ein Wildschwein und ein Hausschwein, die auf Eicheln versessen sind, ein Äffchen und ein Einhorn. Äußerst abwechslungsreich sind auch die Frisuren der Dutzenden von Engeln: eine Inspirationsquelle für alle, die Ideen für eine üppige Frisur suchen!
Im Gegensatz zu ihren mittelalterlichen Vorgängern sind die barocken Miserikordien nicht mehr länger mit figurativen Szenen versehen. Wenn auch weniger offensichtlich, so kommt doch der Drang gewitzt zu sein in den zahllosen maskenartigen Fratzen, die in den Trennwänden zu sehen sind, noch stärker zum Ausdruck.
Das Löwentor aus dem 19. Jahrhundert mit wachenden Vierbeinern an der Nordseite stellt eine Botschaft für jene dar, die hier zu Beginn der Messe von der Sakristei aus vorbeikommen Der erste Engel mit dem Finger auf dem Mund mahnt zur Stille, während ein zweiter warnt, das Rauchfass etwas nach oben zu ziehen, damit es nicht gegen die Stufen der Treppe stößt.

Die Disputa
Peter Paul Rubens, 1608

Der Altar des Heiligen Sakraments
Peter Verbruggen der Ältere, 1656

Rubens rechteckiges Gemälde stand ursprünglich auf einem Holzaltar. Von möglichen Seitentafeln weiß man nichts; sicher ist jedoch, dass die Hauptszene von zwei Predellabildern unterstrichen wurde, die jedoch 1656 bei der Errichtung des heutigen Barockaltars – als perfektes Gegenstück zum sechzig Jahre älteren Marienaltar von Sebastiaan de Neve – verschwanden. Der Wunsch nach Symmetrie wurde von der Errichtung eines Marmorlettners mit zwei kleinen Seitenaltären über die gesamte Breite des Chors inspiriert; ein Auftrag, der übrigens demselben Bildhauer anvertraut wurde.
Die Darstellung von Gottvater und dem Heiligen Geist im obersten Register soll die katholische Lehre der realen Anwesenheit Jesus in der geweihten Hostie unterstreichen. Außerdem betont Rubens diesen Glaubensansatz besonders durch den Aufbau und die Farben. Die rautenförmige Komposition soll ein Spannungsfeld rund um die weiße Hostie schaffen, die gefasst in eine Turmmonstranz nicht nur ikonographisch im Mittelpunkt des Interesses steht, sondern auch formal gleichsam den Mittelpunkt darstellt. Die kleinere Fläche oberhalb, mit den sanften Farben Weiß, Rosa und Gelb, beschwört die Transzendenz Gottes herauf. Das Zusammentreffen der Gläubigen mit dieser übernatürlichen Dimension im fühlbaren heiligen Sakrament erfolgt im auffällig blauen Mittelfeld. Dieses Blau wird in der Farbkomposition von den beiden Figuren im Vordergrund flankiert: die linke in einem goldenen Chormantel, die rechte in Kardinalrot. So wird die Trias der Hauptfarben schön dreieckig verteilt. Die breite Treppe, auf der zwei Bücher liegen, wurde eindeutig bei der Anpassung an den barocken, mit Säulen umgebenen Altar hinzugefügt und tut der ursprünglichen Dynamik von Rubens Abbruch.
Obwohl im Schatten von Rubens Bild, verdienen auch die schweren Schraubensäulen aus weißem Marmor von Peter I. Verbruggen eine gewisse Aufmerksamkeit. Links auf der zweiten Ebene schlagen zwei Putten tüchtig aufeinander ein. Auf derselben Höhe, aber auf der rechten Seite – zu interpretieren als eine chronologische Abfolge – geben sich zwei Putten – versöhnlich – einen Kuss. Einen adäquateren Rahmen für die tatsächliche, liebevolle Anwesenheit von Jesus in der Eucharistie kann man sich kaum vorstellen. Im Sinne des Evangeliums für alle, die zum Altar gehen und sich daran erinnern, dass sie mit jemandem im Zwist leben: „versöhne dich zuerst mit deinem Bruder, dann komm und opfere deine Gabe" (Mt.5,23).

Die Anbetung der Hirten
Peter Paul Rubens, ca. 1609

Es handelt sich möglicherweise um eines der ersten Werke, die Rubens nach seiner Rückkehr aus Italien nach Antwerpen malte. Für diesen Auftrag nahm er die Komposition des gleichnamigen Werks wieder auf, das er kaum zwei Jahre zuvor für die Oratorianerkirche von Fremo angefertigt hatte. Noch stark unter dem Einfluss von Caravaggio verwendet Rubens überwiegend Brauntöne und ein ausgesprochenes Clair-Obscur. Die Belichtungsart wird hier eingesetzt, um die spirituelle Bedeutung des Jesuskindes als „Licht der Welt" zu illustrieren. Da Maria ihr Neugeborenes den herbeigeeilten Hirten zeigen will und das Tuch zurückschlägt, kann das spirituelle Licht des göttlichen Kindes ausstrahlen. Für den stehenden Hirten ganz links ist dieses Licht anscheinend zu stark, deshalb schützt er seine Augen. So illustriert er: „das Volk, das im Dunkel lebte, hat ein großes Licht gesehen" (Mt.4,16). Ebenso symbolisch sind die Kornähren in der Krippe; sie verweisen auf Jesus als „das Brot, das vom Himmel herabgekommen ist" (Joh.6,41). Wie statisch und stereotyp das Bild auf den ersten Blick auch zu sein scheint, so hat Rubens doch mehr Bewegung hineinzubringen vermocht. Obwohl alle vier Hirtenfiguren dieselbe Bewunderung teilen, wird jeder von ihnen mit einer eigenen Geste individualisiert, und dank einer verblüffenden Verkürzung purzelt ein Engel mit einem ungewöhnlich spektakulären Akrobatenkunststück aus dem Himmel.
Beansprucht von den Franzosen im Jahr 1794, konnte das Werk glücklicherweise nach Napoleons Niederlage in Waterloo zurückkehren. Das riesige Gemälde zeigt noch Spuren der heldenhaften Rettungsaktion während des verhängnisvollen Brands im Jahr 1968, als es notgedrungen aus dem Rahmen geschnitten wurde.

Die fünfzehn Mysterien haben eine fixe Reihenfolge: zuerst die fünf freudenreichen, dann die fünf schmerzhaften und anschließend die fünf glorreichen.

Die fünf freudenreichen Mysterien: die Verkündigung an Maria, der Besuch Marias bei Elisabeth, die Geburt von Jesus, die Darstellung von Jesus im Tempel, Jesus und die Schriftgelehrten in Jerusalem.
Die fünf schmerzhaften Mysterien: der Todeskampf im Garten Gethsemane, die Geißelung, die Dornenkrönung, die Kreuztragung, die Kreuzigung von Christus.
Die fünf glorreichen Mysterien: die Auferstehung, die Himmelfahrt von Christus, der Herabkunft des Heiligen Geistes auf die Apostel, die Aufnahme Marias in den Himmel, die Krönung Marias.

Der Rosenkranzzyklus
ca. 1617-1618

Das Rosenkranzgebet bot den Analphabeten des 17. Jahrhunderts einen Anhaltspunkt für die wichtigsten Passagen aus dem Leben von Jesus und Maria. Den 150 Psalmen im Breviergebet der Geistlichen entsprechend, ist es eine Richtlinie für sie, genauso viele Ave Maria zu beten – zehn pro geheimnisvollen Moment. Die fünfzehn Mysterien des Rosenkranzes in einer Reihe stellen Marias Fotoalbum dar, aber eines, das nicht nur die freuden- und glorreichen Momente, sondern genauso sehr die schmerzhaften Augenblicke zeigt. Der Zyklus wurde um 1617 für das Nordschiff bestellt, das sich in der Verlängerung des Marienaltars zu einer riesigen Marienkapelle ausweitet. Der Zyklus lässt sich nach der chronologischen Anordnung von links nach rechts, also von West nach Ost, lesen. Da nicht weniger als elf verschiedene Maler um 1617 gleichzeitig gebeten wurden, mindestens eine Szene zu übernehmen, entstand eine einzigartige Abfolge an Meisterwerken von Rubens, Van Dyck und Cornelis De Vos. Andere frühbarocke Zeitgenossen sind Jordaens, Van Balen und Teniers der Ältere. Heute ist die St. Pauluskirche der einzige Ort, an dem man noch einen Rubens, einen Van Dyck und einen Jordaens an ihrer ursprünglichen Stelle findet. Obwohl der 18-jährige Van Dyck noch ein Anfänger war, bekamen sie alle drei eine gleich große Summe dafür bezahlt, was auf ihre hohe Wertschätzung im Gegensatz zu den anderen Malern hinweist. Der einzige, der noch mehr geschätzt wurde, war Hendrik van Balen, so geht es aus der noch höheren Entlohnung hervor.

16

Die Heimsuchung
Frans Francken II.
ca. 1617-1618

Bibelgetreu illustriert der Hintergrund des zweiten freudenreichen Mysteriums die Reise von Maria ins Bergland, auf dem Weg zu ihrer älteren und ebenfalls schwangeren Kusine Elisabeth. Das erdachte Gebirge erinnert sehr an eine riesige Felsgruppe, darauf befinden sich die unvermeidlichen Festungen. Im Vordergrund wird die junge Maria herzlich von ihrer Kusine begrüßt. Als die gesegnetste aller Frauen steht Maria im Mittelpunkt des Interesses, sowohl aufgrund der Komposition, als auch aufgrund der weißen und hellblauen Kleidung, die sich von der Umgebung abhebt, und aufgrund des großen, goldgelben Heiligenscheins.
Das Ganze lässt noch das Gefühl für das kleinste Detail der flämischen Primitiven spüren. Äußerst naturgetreu ist die Wiedergabe der großen Bäume und Tiere im Miniaturstil im Hintergrund und der kleinen Insekten in groß im Vordergrund. So kann man durch die transparenten Flügel der Libelle sehen: Durch die oberen Flügel sieht man die oberste Stufe der Treppe, durch die unteren Flügel deren schattenreiche Seite. In der Mitte spiegelt sich die anmutige Silhouette eines Schwanenpärchens im Wasser.
Im Hintergrund balgen Kaninchen auf einer Lichtung im Wald: eine friedliche Szene, die von den Hirten beobachtet wird, die es wagen, kurz den Schutz des Waldes zu verlassen.

18 **Die Geburt von Christus**
Cornelis De Vos
ca. 1617-1618

Die meiste Faszination all dieser Bilder geht aufgrund des kräftigen Kolorits vom dritten Werk aus: die hellgrüne Kniehose kombiniert mit der hellroten Weste des ehrerbietigen Hirten, der blaue Mantel in Kombination mit dem weißen Kleid der Maria. Wie vortrefflich das Licht die Farben zu nuancieren und gleichzeitig zu beleben vermag! Das Licht selbst ist hingegen nicht so natürlich, weil es sich auch hier um das spirituelle Licht handelt, das vom neugeborenen Heiland ausgeht. Das bereits so bleiche Gesicht seiner Mutter wird dadurch völlig ausgeleuchtet. Was auf den ersten Blick wie pastorale Erzählmotive aussieht, stellt sich als Träger einer verborgenen Symbolik heraus. Das Lämmchen mit den festgebundenen Pfoten ist mehr als nur ein Geschenk der Hirten. Es versinnbildlicht die letztendliche Bedeutung von Christus als das geopferte Lamm Gottes, eine Bezeichnung, die auch für die Hostie in der Messe verwendet wird. Genauso wie bei Rubens gleichnamigem Werk spielen die Kornähren in der Krippe auch auf das eucharistische Brot aus dem Himmel an.

20 Die Geißelung
Peter Paul Rubens
ca. 1617-1618

Mit dieser lebendigen Darstellung des zweiten schmerzhaften Mysteriums hat Rubens nichts anderes im Sinn als ein Regisseur, der in einem brutalen Film Jesus Leidensgeschichte darstellt, indem er minutenlang auf das grausame Schicksal des Unschuldigen fokussiert. Man SIEHT, wie Hautfetzen heruntergerissen werden und das Blut in die Runde spritzt. Während die Dramatik in einem Film hinaufgeschraubt wird, indem man die schmerzhaften Peitschenhiebe durch die Luft sausen und sie beim Gepeinigten ankommen hört, muss sich Rubens auf ausschließlich malerische Mittel beschränken. Dadurch, dass der Arm des Henkers im Vordergrund scheinbar aus dem Rahmen reicht, wird verdeutlicht, dass er im Begriff ist, neuerlich loszuschlagen. Die Kraft, mit der er auf sein Opfer einschlägt, wird dadurch verstärkt. Zwei Henkersknechte auf der rechten Seite bearbeiten Jesus Rücken mit einer Rute, und als würde das nicht ausreichen, wird er in die Waden getreten.
Rubens lässt Christus, der an eine Geißelsäule gefesselt ist, absichtlich dem Betrachter den Rücken zukehren. Diese Darstellung der Märtyrerpeinigung ist dazu gedacht, den Betrachter zu Mitgefühl zu bewegen und durch die Emotionen hindurch die Verehrung des Heilands zu verstärken.
Auch das Kolorit will zu dieser emotionalen Betroffenheit beitragen. Durch den Kontrast mit den düsteren Kellern des Palastes des Pilatus und der dunklen Kleidung der Henkersknechte wird der nackte und blutige Körper von Christus umso mehr beleuchtet. Selten wurde das körperliche Leiden von Jesus so lebensecht und so direkt abgebildet.

22 Die Kreuztragung
Antoon Van Dyck
ca. 1617-1618

Das vierte schmerzhafte Mysterium ist nicht nur eines der frühesten Werke von Van Dyck, von keinem anderen seiner Bilder gibt es so viele Entwurfszeichnungen wie von dieser Kreuztragung. Nicht weniger als derer zehn sind bewahrt geblieben, was diese Reihe in Zusammenhang mit dem Gemälde zu einem außergewöhnlichen Dokument der Entstehungsgeschichte einer solchen barocken Darstellung macht. War er in seinen ersten Studien allzu sehr auf sich selbst bezogen, schaltet er sich allmählich immer mehr in den Aufbau des Zyklus ein. Anfänglich horizontal entwickelt sich die Komposition zu einer vertikalen, während die ursprüngliche Bewegung nach links um des Zusammenhangs mit der chronologischen Lesung des gesamten Zyklus willen in eine Bewegung nach rechts umschlägt. Aufgrund des Rastermusters wird die Zeichnung im Antwerpener „Prentenkabinet" als das eigentliche Modell angesehen. Dennoch wurde bei der Umsetzung des Bildes die Haltung einiger Figuren noch geändert.
Die Verehrung des Kreuzweges mit vierzehn eigenen Stationen war damals noch nicht üblich. Deshalb wurden in dieser einen Szene verschiedene Passagen von Jesus Kreuzweg wie das dreimalige Fallen unter dem Kreuz und die Hilfe von Simon von Cyrene zusammengefügt. Obwohl die Betonung auf der Begegnung mit seiner traurigen Mutter liegt, vollzieht sie sich hier innig friedlich, ohne die üblichen pathetischen Gesten. Jesus Blick ohne Worte, nach hinten und aufblickend zu seiner Mutter, sagt genug. Anscheinend genoss der Maler bereits einige Wertschätzung, was an den vielen Umzügen zu erkennen ist. Dass das Werk rund fünf Zentimeter kürzer als die vierzehn anderen ist, rührt wahrscheinlich daher, dass es beinahe ein Jahrhundert lang als Altarbild diente. Anschließend wurde es im Jahr 1794 nach Paris gebracht, um erst 1816 wieder in die St. Pauluskirche zurückzukehren.

Statue der heiligen Rosa von Lima
Artus II. Quellin, ca. 1660-'70

Die Dominikanerin Rosa (Lima, 1586-1617) war 1671 die erste Amerikanerin, die heilig gesprochen wurde. Wahrscheinlich war dies der Anlass für den Auftrag zu diesem weicheren, spätbarocken Werk. Diese kontemplative Klosterschwester führte ein sehr hartes Büßerleben und trug um den Kopf eine eiserne Krone. Das verbarg sie jedoch unter einem Kranz von Rosen: eine plastische Parallele zur normalen Rosenkranzschnur um ihre Mitte. Die Stoffwiedergabe ihres normalen Habits mit Mantel und Schleier wurde vom Bildhauer vortrefflich in den feinen Falten zur Perfektion gebracht. Der Legende zufolge wurde ihr in einer Erscheinung von Unserer lieben Frau die Gunst gewährt, das mütterliche Gefühl Marias zu teilen und das göttliche Kind im Arm zu halten, was hier von Artus II. Quellinus in respektvoller Sittsamkeit dargestellt wurde.
Als Schutzheilige des Hafens von Lima wird ihr Attribut, der Anker, von einem der beiden graziösen Engel zu ihren Füßen gehalten.
Später gab diese Statue zwecks allgemeiner Symmetrie im Interieur Anlass zu einem Pendant auf der anderen Seite des Chorbeginns, dem spätbarocken Christus an der Geißelsäule von Cornelius Struyf (1740-1743).

Beichtstühle in den Seitenschiffen
Peter I. Verbruggen, 1658-1560

Viele Gläubige nutzten ihre Besuche eines der nahen Märkte dazu, bei einem anonymen Beichtvater ihr Herz zu erleichtern. Diesem Wunsch mussten nicht weniger als zwölf Beichtväter und genauso viele Beichtstühle Rechnung tragen. Diese Kirchenmöbel wurden in lange Täfelungen gefasst, die sich über die gesamte Wand der Seitenschiffe erstrecken. Sie zeugen von der flämischen Lebensfreude und der spielerischen Erzählkunst und verleihen dem inneren Kampf des Menschen zwischen Gut und Böse in verblüffend kreativer Form Ausdruck. Ob es nun um ungestüme Hunde, brüllende Löwen, sich zankende Hähne, geile Affen oder einen echten Sündenbock geht – sie sind Sinnbilder des Bösen, und es gilt, ihre Kraft zu zügeln und sie zu zähmen. Man wird hier überwältigt vom Fantasiereichtum all dieser erbaulichen Symbole.
Ein tanzendes Skelett mahnt an die Vergänglichkeit, ein Schmetterling symbolisiert die Auferstehung zu einem unvorstellbaren, neuen Leben. Kinderspiele wie ein Ballspiel oder Seifenblasen und ein Katz- und Mausspiel sollen zu himmlischer Tugend anregen, ohne den Spaß zu verderben...
Ein Fuchs, der von Trauben nascht, weist auf einen Kirchgänger, der die Kommunion unwürdig ohne Beichte empfangen möchte.
Die Beichtstühle selbst werden jeweils von vier ausdrucksvollen Figuren geformt: zwei Engel, die den Beichtstuhlteil des Priesters flankieren, und jeweils eine männliche und eine weibliche Heilige auf der Außenseite.
Auf jedem der zehn Stühle von Verbruggen an den langen Seitenschiffwänden ist ein anderes Thema, das mit der Beichte zu tun hat, abgebildet. Gemeinsam stellen sie ein geistliches Schachspiel dar, wobei die gegenüberliegenden Beichtstühle einen parallelen Gedankengang entwickeln. So steht der Heiligkeit des Klosterlebens auf dem ersten Beichtstuhl die Heiligkeit des Familienlebens gegenüber. „Auf Wallfahrt gehen" steht – für jene, die im vierten Beichtstuhl in Gefangenschaft eingesperrt sitzen – dem innerlichen Meditationsweg gegenüber. Das blutige Märtyrertum mag zwar ein fatales Ende nehmen, deshalb ist die Heldenhaftigkeit beim unblutigen Märtyrertum, bei dem man verfolgt wird, ohne dabei das Leben zu lassen, nicht geringer.
Deshalb steht der Dominikaner Ludwig Bertrand, der sich für die südamerikanischen Indianer einsetzte, bei diesem fünften Beichtstuhl. Außerdem gibt es auch familiäre Bande zwischen der Nord- und Südseite: Petrus steht seinem Bruder Andreas gegenüber, Johannes seinem Bruder Jakobus.

28 Der Beichtstuhl mit dem *Jüngsten Gericht*
wird Willem und Willem Ignatius Kerricx zugeschrieben, vor 1720

Dieser Beichtstuhl mit großartiger, spätbarocker Holzschnitzerei darf als einer der schönsten seines Genres betrachtet werden! Schade, dass er noch nicht an seinen ursprünglichen Standort in der Nähe des Haupteingangs zurückkehren durfte. Wo nun Albertus Magnus seine weite, willkommen heißende Geste in einem toten Winkel ausbreitet, käme diese aussagekräftige Statue am Haupteingang um vieles besser zur Geltung. Welch Ehre, hier mit einer weiten Geste desjenigen begrüßt zu werden, der einst, im Jahr 1276, die erste St. Pauluskirche eingeweiht hatte.

Dem Vergänglichkeitsgedanken der Westseite getreu steht über dem Priesterteil der Christus des Jüngsten Gerichts, begleitet von einem Engel mit Posaune. Es scheint, als trete ER aus der Wand nach vorne und nähme den Platz des dominikanischen Beichtvaters ein. Dadurch wird betont, dass die Sakramente wie die Beichte vom lebenden Christus gespendet werden. Außerdem erinnert es den Beichtenden daran, dass Vergebung hier das Jüngste Gericht erleichtern wird.

Die beiden Engel versinnbildlichen wichtige Tugenden. Die Ehrlichkeit rechts zeigt ihr wahres Gesicht und trägt die Instrumente der Reumütigkeit. Die Bescheidenheit links mit gesenktem Kopf zertritt den Lorbeerkranz der mondänen Ehrenerweisung und hat das Lämmchen der Sanftmut und einen Schlagball in der Hand: „wer sich selbst erniedrigt, wird erhöht werden" (Mt.23,12). An der Wand ermutigen die allbekannten reuevollen Sünder König David, Maria Magdalena, der gute Schächer und der verlorene Sohn den Beichtenden, alles zu beichten.

30 Die Orgel

Orgelbauer Nicolaes Van Haegen, Jean-Baptist Forceville,
Jean-Joseph Delhaye und François Loret
Hauptwerk und Rückpositiv des Orgelgehäuses von Peter I.
Verbruggen nach einem Entwurf von Erasmus II. Quellinus
17. – 20. Jahrhundert

Die imposante Orgel darf als die wichtigste große historische Orgel in den Österreichischen Niederlanden betrachtet werden. Das ursprüngliche Instrument wurde vor 1654 von Nicolaes Van Haegen gebaut. Mit seinen 3 Handklaviaturen, 47 Registern und ca. 4000 Pfeifen war es für jene Zeit ein außergewöhnlich großes Instrument. Schon schnell genoss die Orgel einen gewissen Ruf. Das zeigt sich unter anderem an der ausführlichen Ode anlässlich des Konzertes des Brüsseler Hoforganisten Abraham Van de Kerckhoven beim Besuch von Königin Christina von Schweden 1658.
Einschließlich der beiden ziemlich einzigartigen Pedaltürme stand sie 1661 Modell für die neue Orgel der protestantischen Grote Kerk in Dordrecht.
Das Orgelgehäuse wurde von Peter I. Verbruggen nach einem Entwurf von Erasmus II. Quellinus geschnitzt. Ein Duo, das ein Jahrzehnt später gemeinsam mit der Umsetzung des großen Orgelgehäuses in der Kathedrale betraut wurde. Jean-Baptist Forceville, der ein Jahrzehnt früher den Auftrag für eine Chororgel auf dem Chorlettner erhalten hatte, renovierte sie in den Jahren 1730-1732.
Im 19. Jahrhundert wurde das Instrument von Jean-Joseph Delhaye und danach von François Loret neuerlich umgebaut und modernisiert.
Trotz der verschiedenen Bauphasen stellt das Möbel ein großartiges Ganzes dar, das harmonisch zur gesamten Westmauer passt. Traditionsgetreu haben musizierende Engel über dem Hauptwerk, den Pedaltürmen und dem Rückpositiv Platz genommen.

Die Bekehrung des heiligen Paulus
Jan Petrus Antonius Verschuylen, 1839
Sonnenmonstranz mit Figurengruppe

Diese barocke Monstranz des berühmten Antwerpener Goldschmieds Verschuylen ist der Blickfang der Schatzkammer. Der zum Teil vergoldete, zum Teil silberne liturgische Gegenstand mit einem Gewicht von 10,5 kg, einschließlich der mehr als 500 Diamanten, glänzt durch seine Kostbarkeit. Mindestens genauso bemerkenswert sind der Aufbau und die Ikonographie. Typisch für das barocke Konzept ist, dass die Sonne, als traditioneller Teil dieser Monstranzart, ikonographisch verwendet wurde. Wo in der Bekehrungsgeschichte von Saulus die Rede ist und von „Jesus Licht vom Himmel, dass ihn plötzlich umstrahlte und blendete", wird dies hier durch den Strahlenkranz rund um die geweihte Hostie dargestellt. Die dynamische Figurengruppe darunter mit Saulus, der von seinem Pferd getaumelt ist und sich mit der Hand vor dem blendenden Licht schützt, ist von der barocken Kanzel von Michiel van der Voort in der St. Romboutskathedrale in Mechelen inspiriert. Dass sein Schwert noch zum Teil aus der Scheide gezogen ist, deutet darauf hin, wie sehr er „immer noch mit Drohung und Mord gegen die Jünger des Herrn wütete" (Apg.9,1). Für diese Szene wurde eine Zwischenebene auf dem Ständer angebracht, deshalb nahm die Monstranz die außergewöhnliche Höhe von 105 cm an.

34 Der Kalvariengarten
Jan Claudius De Cock, Jan Pieter van Baurscheit, Michiel I. Van der Voort und Alexander Van Papenhoven, ca. 1697-1699 und 1741

Die Brüder Van Ketwigh, Dominikaner in Antwerpen, fassten um 1697-1699 den Plan, seitlich der Kirche Jesus Leiden, Sterben und Auferstehung mehr als lebensgroß abzubilden, gedacht als Ersatz für die unmöglich gewordene Wallfahrt in das Heilige Land. An diesem einzigartigen barocken Skulpturengarten haben verschiedene Bildhauer sicher bis 1741 mitgearbeitet: Jan Claudius De Cock, Jan Pieter van Baurscheit, Michiel I. Van der Voort und Alexander Van Papenhoven.
Alle Teilhabenden am Liebesopfer von Jesus am Kreuz erhielten hier einen Platz. Einige Medaillons zeigen seinen Leidensweg. Christus stirbt den Kreuztod hoch oben auf dem steilen Berg, wodurch das Kruzifix etwas Triumphierendes hat. Sein entseelter Leichnam liegt aufgebahrt in der ebenerdigen Höhle, umgeben von Fegefeuerszenen, in denen die Verstorbenen um ewige Rettung flehen. Schließlich wird Jesus Auferstehung leibhaftig in der Szene seines Treffens mit Maria Magdalena im Garten abgebildet!
Als Zeugen dieser Leidensgeschichte stehen vier Evangelisten mit Stift und Pergament seitlich des Gartens. Des Weiteren lassen die Dominikaner alle Propheten antreten, um Jesus Liebesopfer auf dem Kalvarienberg mit einem ihrer Zitate auf Niederländisch anzukündigen! Drei der vier großen Propheten stehen symbolisch oben an den Mauerstreben der Kirche, während die zwölf kleinen Propheten ebenerdig auftreten. Die Botschaft mancher wird mit einem aussagekräftigen Attribut wie den Rinderhörnern bei Hosea und den Laternen bei Zefanja ausgedrückt. Inspiriert von Berninis Engelsburg in Rom zeigen die Engel zu beiden Seiten des Weges Jesus Leidenswerkzeuge, einschließlich der Würfel. Zwei Dominikaner laden den Besucher ein, mit auf Wallfahrt zu gehen.

Wissenswertes

Die Originalweiheurkunde der Kirche, die aus dem Jahr 1276 stammt und den Siegel von Albertus Magnus trägt, ist nun in der Schatzkammer der Kirche zu bewundern.

Von der Gründung bis zur Französischen Revolution lebten rund 1700 Dominikaner in diesem Kloster.

Die St. Pauluskirche besitzt 80 Gemälde, darunter drei Werke von Peter Paul Rubens. Sie ist auch die einzige Kirche, in der Malereien von Rubens, Jordaens und Van Dyck noch an ihrer Originalstelle und nebeneinander hängen.

Der Marmorhochaltar aus 1670 ist 20 Meter hoch und damit der größte noch bewahrt gebliebene Altar in Antwerpen. Die vier Säulen aus rotem Marmor von Rance wiegen jeweils 4500 kg. Es ist daher auch nicht verwunderlich, dass das Ganze nicht weniger als 80.000 Gulden gekostet hat.

In den Schubladen und Schränken der Sakristei liegen und hängen 2033 Gewänder und liturgische Textilien. Alles wurde 2005 professionell gereinigt und verpackt, und die Antependien bekamen sogar eine neue Baumwollhülle.

Der Vierungsaltar aus 1998 setzt sich aus Eichenholzelementen der alten Barockkanzel aus dem zweiten Viertel des 17. Jahrhunderts zusammen. Diese war in Einzelteile zerlegt worden, als die Kirchenfabrik im Jahr 1874 eine Kanzel im Stil der Neorenaissance errichten ließ.